NOTICE BIOGRAPHIQUE

SUR

M. L'ABBÉ MICHEL,

VICAIRE-GÉNÉRAL DU DIOCÈSE DE BAYEUX

ET DOYEN DU CHAPITRE,

Décédé le 18 Septembre 1865 ;

PAR

M. L'ABBÉ LAFFETAY,

Chanoine de la Cathédrale.

CAEN, CHÉNEL, LIBRAIRE DE Mgr L'ÉVÊQUE.

—

1865.

NOTICE BIOGRAPHIQUE

SUR

M. L'ABBÉ MICHEL,

Vicaire-général du Diocèse de Bayeux,

ET DOYEN DU CHAPITRE.

NOTICE BIOGRAPHIQUE

SUR

M. L'ABBÉ MICHEL,

VICAIRE-GÉNÉRAL DU DIOCÈSE DE BAYEUX

ET DOYEN DU CHAPITRE,

Décédé le 18 Septembre 1865 ;

PAR

M. L'ABBÉ LAFFETAY,

Chanoine de la Cathédrale.

CAEN, CHÉNEL, LIBRAIRE DE Mgr L'ÉVÊQUE.

—

1865.

NOTICE BIOGRAPHIQUE

SUR

M. L'ABBÉ PIERRE MICHEL,

Vicaire-général du Diocèse de Bayeux,

ET DOYEN DU CHAPITRE.

Au commencement de l'année 1808, Mgr Brault, évêque de Bayeux, se trouvait à Pont-l'Évêque dans le cours de ses visites pastorales. Un jeune homme de cette ville, âgé de dix-neuf ans, dont la piété était aussi vive que l'intelligence, lui fut présenté. Il travaillait comme employé dans les bureaux de l'enregistrement ; mais se sentant appelé au sacerdoce, il consacrait tous ses loisirs à l'étude de la langue latine ; un prêtre de ses amis lui en expliquait les éléments. — Né le 21 février 1789, ce jeune homme se nommait Pierre Michel ; il était fils d'un honnête artisan. — M. le curé de Pont-l'Évêque fit au prélat l'éloge de sa piété, il énuméra ses aptitudes. Mgr Brault fut frappé de sa belle écriture ; il daigna l'interroger, et, charmé de ses réponses, il lui promit une place dans ses bureaux.

Depuis que la Providence l'avait appelé à reconstituer le Diocèse de Bayeux, Mgr Brault se préoccupait vivement de l'avenir du sacerdoce. Dès les premiers jours de son épiscopat, il avait désigné dans chaque arrondissement les ecclésiastiques les plus capables pour y surveiller les jeunes aspirants ; il avait établi à Caen deux professeurs chargés de les instruire ; mais il sentait vivement combien il était difficile que ces jeunes élèves, dispersés dans le monde, pussent y acquérir les vertus et la science qu'exige le sacerdoce. Sa Grandeur, profitant de la liberté laissée aux évêques par l'article XXIII de la loi du 18 germinal an XI, avait résolu de les réunir. Le séminaire de Bayeux fut donc installé à Saint-Patrice, le 16 mai 1808, dans les bâtiments de Notre-Dame de la Charité. Quinze théologiens, un philosophe, une vingtaine d'humanistes s'y réunirent sous l'autorité de M. Durozier, ancien curé de Saint-André de Bayeux. Pierre Michel y entra pour achever ses études ; il suivait alors la classe de seconde. Les jours de congé, Mgr l'Évêque l'appelait au secrétariat, et, en lui faisant copier ses lettres ou ses ordonnances, il l'initiait peu à peu au mécanisme des affaires. L'année suivante, sur les réclamations de l'Université, les humanistes furent envoyés au collège ; M. Michel y fit sa rhétorique, y gagna un prix de vers latins, et, à la fin de ses études, il obtint le diplôme de bachelier. Pendant les deux années qu'il étudia la théologie, ses rapports avec l'Évêché devinrent plus intimes. Dès le début, Mgr Brault avait apprécié la rectitude de son esprit, la ponctualité avec laquelle il s'acquittait de son service, et, avant même de lui conférer le sacerdoce, il l'avait déjà installé dans son palais. Ordonné prêtre le 12 juin 1813, M. Michel se livra tout entier à l'administration diocésaine.

L'ancien monastère de la Charité, dont nous parlions tout-à-l'heure, était partagé en deux corps de logis ; une partie était devenue la maison d'arrêt, l'autre, qui contenait à peine soixante cellules, avait été donnée à Mgr Brault pour y établir le grand et le petit séminaire. Le grand séminaire fondé par Mgr de Nesmond n'avait pas encore été restitué, et le ministre de la guerre l'avait transformé en caserne ; Mgr Brault le réclama auprès du Gouvernement. Consultés sur la réclamation, le sous-préfet et le conseil municipal de Bayeux donnèrent un avis défavorable ; pendant l'époque dite des *Cent-Jours* on sursit à toute décision. Après la seconde Restauration, Mgr Brault renouvela ses instances, et, sur l'avis conforme de M. le Préfet, une ordonnance royale rendit à leur ancienne destination la maison du séminaire avec ses jardins et ses dépendances. On rédigea un devis des travaux d'appropriation, et on le soumit à l'approbation du Ministre. Les choses en étaient là, lorsqu'en 1816 le conseil municipal de Bayeux se pourvut devant le conseil d'État, pour faire rapporter l'ordonnance qui envoyait Mgr Brault en possession de l'ancien séminaire. Il se fondait sur ce double motif que le décret qui avait cédé le séminaire à la ville, pour en faire une caserne, avait force de loi, et ne pouvait être révoqué par une simple ordonnance; — que d'ailleurs une caserne était indispensable à la ville, et ne pouvait être établie dans un autre local. L'autorité municipale était appuyée par le Ministre de la Guerre. De son côté le Ministre des affaires ecclésiastiques prit parti pour l'Évêque, et demanda le maintien de l'ordonnance royale; comme on le voit, le conflit était des plus sérieux. Mgr Brault fit au mois d'octobre 1816 le voyage de Paris ; mais découragé par les lenteurs calculées que l'administration de la guerre opposait à ses instances, rappelé dans son Diocèse par la mission qu'il faisait donner à Caen, et dont il voulait célébrer la clôture, Mgr l'Évêque laissa M. Michel à Paris, et le chargea de suivre, jusqu'à sa conclusion, l'affaire qu'il était venu y traiter lui-même. M. Michel avait alors le titre de pro-secrétaire ; il resta donc à Paris jusqu'au mois de mai 1817, et on devine sans peine tout ce qu'il lui fallut déployer de zèle, de patience et d'adresse pour mener à bien une affaire aussi délicate. Elle fut d'abord examinée par le Comité du contentieux, et le rapporteur conclut au maintien pur et simple de l'ordonnance de 1815. Enfin le conseil d'État prit une décision favorable à l'administration diocésaine. La première ordonnance fut maintenue; on rendit au grand séminaire la maison bâtie par Mgr de Nesmond, mais l'ancien couvent de la Charité, et les jardins qui en dépendaient, furent abandonnés à la ville : Mgr Brault disait alors à qui voulait l'entendre que l'honneur de ce grand succès revenait tout entier à M. l'abbé Michel; et, en effet, cette circonstance mit en relief les qualités de son esprit, souple, adroit, ferme, conciliant. Il fut très-remarqué au ministère des affaires ecclésiastiques; et, plus tard, lorsque M. Frayssinous fut chargé de ce ministère, nous savons, de science certaine, qu'il ne tint qu'à M. l'abbé Michel d'y accepter un poste éminent.

Nous ne surprendrons personne en ajoutant que chaque semaine, durant son séjour à Paris, Mme la marquise de Campigny le faisai asseoir à sa table et le recevait dans ses salons. Il y connut les plus hautes notabilités de l'époque, et s'y créa les relations les plus honorables. Rien n'était intéressant comme de l'entendre évoquer ces souvenirs.

Quelque temps après son retour de Paris—le 1er septembre 1817 — Mgr Brault le nomma chanoine honoraire. Le 9 octobre 1818, il contresigne un mandement en qualité de chanoine-secrétaire. Toutefois, le contreseing de M. Dajon-Lamare, auquel il succédait en cette qualité, se trouve encore, l'année suivante, dans plusieurs actes officiels. Il prit rang parmi les chanoines titulaires le 6 décembre 1821.

Le concordat de 1817 avait rétabli en France trente siéges épiscopaux. De ce nombre était l'archevêché d'Albi, auquel Louis XVIII nomma l'évêque de Bayeux. Mais la Chambre des députés ayant refusé les crédits sollicités par le ministre, l'exécution du concordat fut indéfiniment suspendue. Enfin, après de longues négociations, les trente siéges furent réduits à dix-huit. Au mois de juillet 1823, Mgr Brault avait reçu ses bulles, et il prenait possession de l'archevêché d'Albi. Tout était à créer dans ce nouveau diocèse, et le prélat ne se faisait point illusion sur les difficultés qui l'y attendaient. Ce n'était pas seulement la maison du grand séminaire qu'il fallait relever de ses ruines. Pour cela, il suffisait de parler au cœur des Albigeois, et Mgr l'archevêque savait qu'il trouverait dans ce pays l'empressement qu'il avait su exciter en Normandie (1). Mais il avait besoin d'une main ferme et habile pour l'aider à déplacer, sans secousse, le centre d'une administration aussi importante que celle d'un archevêché. Il lui fallait installer sa chancellerie, y établir le mécanisme d'une administration nouvelle. En quittant le Diocèse de Bayeux, Mgr Brault emmena donc avec lui M. l'abbé Michel. Il connaissait les ressources de son esprit, son dévoûment à toute épreuve ; il savait que les difficultés ne l'effrayaient pas, et, en arrivant, il le mit

(1) Le clergé et les fidèles du Diocèse d'Albi mirent à sa disposition 50,000 fr. pour reconstruire les bâtiments du séminaire.

à l'œuvre. Pendant plusieurs mois, il le chargea de l'organisation de ses bureaux, et M. Michel y déploya une activité merveilleuse. Sa prudence et son adresse savaient tirer parti des hommes et des choses ; il se fit dans ce Diocèse un grand nombre d'amis, et il y laissa les meilleurs souvenirs.

Mgr Brault aurait vivement désiré retenir auprès de lui un administrateur aussi capable. Déjà, même avant de quitter Bayeux, il lui avait offert tout ce qu'un évêque pouvait lui offrir. Mais, disons-le bien haut, M. Michel n'était point ambitieux. La perspective d'exercer dans un grand siége des fonctions pour lesquelles chacun lui reconnaissait tant d'aptitude, était incapable de le séduire. La seule dignité que lui fit accepter Mgr Brault fut le titre de chanoine honoraire de sa métropole. Le secrétaire de l'évêché de Bayeux avait promis à ses vieux parents de ne pas s'éloigner d'eux ; dès que le temps de son congé fut expiré, il n'oublia ni son pays ni sa famille ; ce trait est, à mon avis, un de ceux qui lui font le plus d'honneur. Quand il quitta le Diocèse pour accompagner Mgr Brault, Mgr Duperrier, nommé à l'évêché de Bayeux, lui avait promis de ne point le remplacer en qualité de secrétaire. En rentrant à Bayeux, il reprit donc simplement sa place au secrétariat, ses fonctions au chœur de la cathédrale ; jamais, il nous l'a dit quelquefois, il ne s'était trouvé plus heureux.

L'épiscopat de Mgr Duperrier fut court, et n'amena aucun changement dans la situation de celui auquel nous rendons hommage. Mgr Dancel vint à Bayeux en 1827, et, en 1831, il choisit M. Michel pour vicaire-général honoraire. On ne dira pas que cette faveur était prématurée. M. Michel vivait chaque jour dans l'intimité du prélat ; celui-ci avait eu le temps de le connaître et de l'apprécier.

Depuis longtemps la voix publique appelait à l'épiscopat M. l'abbé Paysant, vicaire-général du Diocèse de Bayeux. Mgr Brault, dont il fut aussi pendant de longues années le puissant auxiliaire, avait voulu qu'il fixât son séjour à Caen, auprès de la préfecture ; de là, il entretenait avec le secrétaire de l'évêché une correspondance des plus actives. M. Paysant avait conçu de bonne heure une profonde estime pour M. l'abbé Michel ; ces deux hommes étaient dignes de s'apprécier, et nous ne croyons manquer de respect ni pour l'un ni pour l'autre en ajoutant qu'ils se complétaient. M. l'abbé Michel fut donc appelé à recueillir l'héritage de son ami. Une ordonnance royale, en date du mois de mars 1840, l'agréa en qualité de vicaire-général.

Il ne lui restait plus qu'un degré à franchir, lorsqu'en 1845 la mort du vénérable M. d'Audibert laissa vacant le poste qu'il occupait depuis la restauration du culte. Mgr l'Evêque choisit alors M. l'abbé Michel pour son premier vicaire-général, et le nomma doyen du chapitre. Ce fut encore sur la demande de Mgr Robin, qu'à la fin de l'année 1855, l'Empereur le nomma chevalier de la Légion-d'Honneur. Mgr Robin était à son lit de mort quand cette nouvelle lui fut apportée ; ce fut pour lui une consolation de la recevoir. Il put se réjouir, avant de quitter la terre, de voir récompenser par le chef de l'Etat des services éminents qu'il avait lui-même si dignement appréciés. M. Michel ne tirait pas vanité de ces distinctions ; mais nous devons dire, qu'il n'en était pas moins sensible aux témoignages d'estime dont elles étaient la preuve, et qu'il s'en montrait toujours reconnaissant. Nous croyons donc entrer dans sa pensée, en rappelant ici que Mgr Paysant, évêque d'Angers, Mgr de Quélen, archevêque de Paris, et Mgr Robiou, évêque de Coutances, l'avaient élevé au Canonicat.

Pour écrire la biographie de M. l'abbé Michel, il nous a fallu interroger l'histoire du Diocèse, et grouper autour de lui quelques-uns des événements dans lesquels sa vie est en quelque sorte encadrée. Nous avons raconté sommairement ceux qui l'avaient posé, aux yeux de tous, comme un administrateur distingué. Maintenant, s'il fallait le suivre dans le détail de chaque jour, partout on le retrouverait semblable à lui-même, mettant le devoir audessus de toutes les considérations, et ne le sacrifiant jamais à la crainte ni à la faveur. A son arrivée parmi nous, Mgr Didiot ne tarda pas à reconnaître tout ce qu'il y avait en lui de précieuses qualités. Notre bien-aimé Pontife avait pour ses talents et ses vertus la plus haute estime, et jusqu'à la fin de sa vie il n'a rien fait d'important sans le consulter. On conçoit, en effet, quels services pouvait rendre dans un Diocèse un prêtre éclairé et modeste, en qui se résumaient les traditions d'un demi-siècle, qui ne cherchait point à faire école, et qui sans calcul, sans intérêt personnel, mettait au service de l'Eglise un dévoûment de tous les instants. Dans la discussion des affaires, sa bonne foi et son honnêteté n'ont jamais été soupçonnées. Il émettait son avis avec une fermeté qui pouvait étonner au premier abord ; mais l'opinion qu'il avait combattue venait-elle à prévaloir dans les conseils dont il faisait partie, il se regardait comme intéressé à la soutenir, et il y employait franchement toutes les forces de son esprit. Quoique d'une constitution assez faible, en apparence, il était infatiguable au travail, et l'on peut dire qu'il n'était jamais entièrement inoccupé. L'emploi de son temps était calculé de manière à lui laisser remplir ses devoirs envers le monde. Il s'y permettait quelquefois une gaîté spirituelle ; il savait se rendre agréable à ceux qu'il y rencontrait ; il en saisissait adroitement les occasions. Le pouvoir civil était sûr de trouver en lui un grand esprit de conciliation ; mais en même temps une grande fermeté pour le maintien des droits qu'il avait à défendre. « Au milieu des crises politiques, disait il y a quelques jours l'*Indicateur de Bayeux*, on le trouvait toujours le même, calme et serein, se montrant incessamment, au milieu de tous et pour tous, l'homme de la modération, de la concorde et de la paix (1). »

Sa charité aussi active que discrète fut toujours inépuisable envers les pauvres, les élèves de nos différents séminaires et les établissements diocésains. Toutes ses économies étaient employées en bonnes œuvres, et il a voulu que tout ce qu'il laisserait à sa mort reçût la même destination. Les secours qu'il distribuait autour de lui étaient quelquefois de véritables largesses, mais c'était sans faste et sans bruit qu'il aimait à les répandre. On a prétendu quelquefois que la direction des affaires, par les combinaisons qu'elle exige et les froissements qui en

(1) Cet article est signé des initiales A D.

résultent, dessèche le cœur, ou du moins en refroidit les élans. En ce cas, la piété de M. Michel aurait présenté une heureuse exception. Quand je parle ici de sa piété, je n'entends pas seulement rappeler ce respect profond qu'en toute circonstance il témoignait pour les choses saintes; je parle de cette piété communicative qui pénètre les cœurs et les attire à Dieu. Plusieurs communautés religieuses, un grand nombre de fidèles le consultaient au tribunal de la pénitence, et malgré la multitude de ses travaux, il se montrait plein de zèle pour les diriger. « On se reposait en lui avec confiance, nous écrivait-on il y a quelques jours; on y trouvait lumière et consolation. Dans les situations les plus difficiles, son jugement droit, sa pensée nette et précise ne laissaient jamais d'indécision. Sa fermeté soutenait la faiblesse, ranimait le zèle, tandis que sa bonté toute paternelle encourageait à la confiance. Dès qu'une âme s'était mise sous sa conduite, on ne pouvait douter du charitable intérêt qu'il lui portait. Sa sollicitude se manifestait en toute circonstance; mais dans la maladie, elle s'exerçait d'une façon d'autant plus touchante que ces visites de charité, auxquelles il était si fidèle, étaient un surcroît de fatigue au milieu de ses occupations. »

Les années s'écoulaient, et le moment approchait où Dieu allait récompenser une si belle vie.

Depuis quelque temps, la santé de M. Michel donnait à Mgr l'Evêque et au clergé de Bayeux de sérieuses inquiétudes. Frappé d'une première attaque de paralysie, à la mort de M. l'abbé Rivière, son collègue et son ami, ses forces déclinaient chaque jour; sa vue était presque éteinte. Pourtant il paraissait encore quelquefois à l'office, où il se rendait avec peine, la main appuyée sur l'épaule d'un enfant de chœur. Confié au dévoûment filial des Sœurs de la Miséricorde, il consacrait à la prière la plus grande partie de son temps, recevait son frère, quelques amis, et conférait au besoin avec ses collègues. Quoique sa prodigieuse mémoire commençât à lui faire défaut sur quelques points, il en était d'autres sur lesquels il s'entretenait toujours avec une précision remarquable. Naguère encore Mgr l'Evêque et son conseil étaient heureux de faire appel à ses souvenirs. Depuis qu'il ne pouvait plus se rendre à la chapelle de l'évêché pour y recevoir la sainte communion, il se la faisait apporter dans sa chambre ; enfin, après une crise qui faillit l'enlever il y a quelques mois, il avait reçu le sacrement des malades. Les soins dont il était l'objet au palais épiscopal ont concouru à prolonger son existence, et sa douce résignation a constamment édifié ceux qui les lui prodiguaient ; on chercherait en vain une vieillesse mieux honorée, une piété plus soumise. Atteint d'un ramollissement de la moelle épinière, M. l'abbé Michel a succombé à une paralysie du pharynx ; depuis quelques jours, la déglutition ne se faisait plus. Il est mort le 18 septembre, à l'âge de 76 ans et 7 mois.

Malgré le mauvais temps qui a contrarié la cérémonie des obsèques, le cortége qui précédait et suivait le cercueil était des plus nombreux ; on y comptait plus de deux cents ecclésiastiques venus de tous les points du Diocèse, et appartenant à tous les degrés de la hiérarchie. Une foule de laïcs accompagnaient le convoi ; parmi eux, on distinguait les magistrats, plusieurs notabilités de la ville de Bayeux, auxquelles étaient venus se réunir quelques hauts fonctionnaires du département. Par une attention délicate, et pour rendre hommage au concours éclairé qu'elle a constamment rencontré dans M. l'abbé Michel, l'administration municipale assistait en costume officiel à la cérémonie. L'église était remplie de fidèles. « Au moment où le convoi funèbre a quitté la cathédrale — disait le 22 septembre l'*Echo Bayeusain* — Mgr Didiot, descendant de son siége épiscopal, a tenu — comme il l'avait déjà fait aux funérailles de M. Rivière — à donner un dernier témoignage de sa haute estime au collaborateur si méritant qu'il avait honoré de sa confiance. Il a voulu présider lui-même à l'inhumation de ce vétéran du sacerdoce, dont le dévoûment, l'expérience et la sagesse furent, pendant un demi-siècle, d'un si grand poids dans les conseils de cinq évêques. Ce n'est pas sans une vive et profonde émotion que nous avons vu, affrontant courageusement les fatigues d'un long et pénible trajet, le premier pasteur du Diocèse, lui-même en proie il y a si peu de temps à la maladie, venir sous une pluie battante acquitter pieusement, sur une tombe vénérée, la dette de son cœur (1). » Après l'aspersion de l'eau bénite, un détachement de sapeurs-pompiers s'est approché de la sépulture, et, conformément au décret de l'an XII, un feu de file a été exécuté sur la tombe encore ouverte du chevalier de la Légion-d'Honneur. Dans quelques jours, une pierre y sera placée ; on y lira l'inscription suivante :

CAPITULI BAJOCENSIS
DIGNITATE DECANUS, PIETATE EXEMPLAR :
VIR INCORRUPTÆ FIDEI ;
OPERÆ NUNQUAM PARCUS,
PRUDENTIA ET CONSILIO QUINQUE PONTIFICIBUS ADFUIT ;
ERGA PAUPERES CHRISTI, CLERICOS ET MONIALES
MUNIFICENTISSIMUS ,
TOTAM DIOECESI VITAM IMPENDIT.

(1) Cet article, que nous abrégeons, est signé des initiales G. V.

Caen, DOMIN, imp. de Mgr l'Evêque de Bayeux et Lisieux, cour de la Monnaie.

CAEN. — DOMIN, IMPRIMEUR, COUR DE LA MONNAIE, RUE NOTRE-DAME, 45.

www.ingramcontent.com/pod-product-compliance
Lightning Source LLC
Chambersburg PA
CBHW070757280326
41934CB00011B/2955